AF234573

EL POLLITO

EditorialSoldeSol.com | info@editorialsoldesol.com
Plaza Admón. Vieja 1, 1ª Izq. 04003, Almería

EL POLLITO
© 2024, Noé Vicente López

© Diseño y maquetación: Editorial Soldesol
Corrección: Editorial Soldesol
© Fotografía de portada: Pablo Cortés

Impreso en España – Printed in Spain

Febrero 2025
ISBN: 978-84-19329-91-2 | Depósito Legal: AL 4062-2024

EL POLLITO

NOÉ VICENTE

TEATRO DOCUMENTO

a partir de los testimonios de Jesús Ruiz

S Editorial
Soldesol

PRÓLOGO

Estimado lector que te encuentras ante estas líneas, has de saber que este texto es un relato narrado bajo la forma de teatro-documento a partir de los testimonios de Jesús Ruiz García, «el Pollito», un joven español que, como tantos, se vio atrapado en el mundo de las drogas y arriesgó su libertad al aceptar el encargo de transportar cocaína desde Perú. Algo de ambición, ganar dinero rápido, necesidad... Arriesgó y perdió y lo pagó. Es la historia de un antihéroe obligado a convertirse en héroe en un contexto terrorífico como es la supervivencia en las cárceles peruanas, con el agravante de su condición homosexual.

Pero *El Pollito* es sobre todo un monólogo brillante escrito por Noé Vicente. Con inteligencia y honestidad hace que su lectura te atrape desde el primer momento y que, sin dejar de estar al servicio de mostrar las experiencias de Jesús, te dejes llevar por el ritmo de la historia y por la empatía que sin duda sentirás hacia el protagonista.

Es en definitiva una mirada, dura y tierna a la vez, de una vida arrojada al devenir de una sociedad siempre injusta. Eso sí, sin victimismos. Jesús no se siente víctima ni héroe. Solo es un superviviente con el coraje de contar su historia a quien le pueda servir para no cometer el grave error que él cometió. Gracias, Jesús, y gracias, Noé, por vuestra valentía.

Así que, estimado lector, espero haberte convencido de que la lectura de este monólogo es un buen plan. Te aseguro que lo menos interesante será la lectura de este prólogo.

Manuel Ochoa

NOTA: *El Pollito* se estrenó el 20 de julio de 2024 en Sant Joan d´Alacant a cargo de la compañía Maniquí Teatre, bajo la dirección de Noé Vicente y con Daniel Sampedro como protagonista.

PALABRAS DEL AUTOR

El texto teatral que va a leer a continuación nace de la curiosidad por conocer la experiencia real en prisión de Jesús Ruiz. A partir de los videos que Jesús publicaba en su canal de YouTube, fui descubriendo su historia: cómo, con tan solo veinte años, fue encarcelado durante siete años por intentar traer droga a España.

Mi primer contacto con Jesús fue el 25 de mayo de 2022. Desde el principio, mostró una generosidad inmensa al permitirme dramatizar su historia, con el noble objetivo de que alguien pudiera aprender de sus vivencias y no repetir su camino. Gracias, Jesús, por tu confianza y por compartir tu experiencia.

A medida que me sumergía en la escritura de la historia de Jesús Ruiz, la pregunta que me guiaba cambió. De interesarme cómo un joven gay había logrado sobrevivir en una de las cárceles más peligrosas de Perú, comencé a cuestionarme por qué, en una sociedad en la que también yo crecí, alguien tan joven se vio obligado a tomar una decisión tan extrema para conseguir dinero.

Quiero aprovechar también para agradecer a Daniel Sampedro. Este texto fue escrito con el deseo de que, algún día, él lo llevara a escena. Gracias, Daniel, por creer en el proyecto y, sobre todo, por confiar en mi escritura. Tu entrega, tu esencia y tu ilusión han sido mi motor en esta historia. Sin ti, este proyecto no sería lo que es.

La obra El Pollito *se estrenó el 20 de julio en Sant Joan d'Alacant con la compañía Maniquí Teatre.*

Si la obra de teatro le gusta o no, eso lo juzgará usted al leerla. Pero le aseguro que la historia de Jesús tiene la fuerza suficiente para conmover profundamente a quien se adentra en ella.

Noé Vicente
17 de septiembre, 2024

· Dedicado a todas las madres.
En especial, a Águeda, madre de Jesús;
Alicia, madre de Daniel;
y Mercedes, madre de Noé.

«¿Por qué sigo intentando ser lo que no quiero ser? ¿Qué hago en una oficina como un necio despreciable que mendiga, cuando lo único que deseo está ahí fuera, esperando el momento en que yo diga: "¡Ya sé quién soy!"?».

Biff,
La muerte de un viajante,
Arthur Miller

«El final de todo lo que escribo es el comienzo de un montaje y de nuevos ensayos, que es donde realmente soy feliz».

Miguel del Arco

LA ESCENA ESTÁ TENUE, con lo justo para sugerir una sala de espera. Un banco en la pared, Jesús sentado. Algunas sillas ocupadas por el público, frente a él. Jesús observa a los espectadores mientras se sientan, les saluda, les lanza preguntas. Su actitud busca agradar y ser comprendido. Silencio. Comienza el monólogo.

JESÚS.— Mira que me suena tu cara. No sé si me compraste alguna de las cremas que hago yo. *(A otro).* Muy buenas me salen las cremas, la verdad. Que no quiero venderte nada, ¿eh? Lo que pasa es que hay mucha gente que luego me pregunta: «Pero, Jesús, ¿qué es eso del CBD?». *(A otro).* Yo es que vendo algunos productos de CBD, ¿sabes?, y muy baratos. Mucho más baratos que en las tiendas. ¿No ves que yo no tengo que pagar el alquiler, que yo me gano la vida repartiendo? A la gente le encantan mis pedidos, o sea, nadie puede decir otra cosa. Es imposible que alguien me diga que no le gustan mis productos. De hecho, voy a hacer un sorteo en mi cuenta de Instagram, cada número de sorteo cuesta dos euros, el que quiera... Va a haber cincuenta números. No más. La Vane ya me ha mandado un mensaje que quiere el ocho... Yo no gano nada, a ver, cien euros, que no es nada...

El CBD no coloca. No coloca. A ver... *(Se ríe)*. No, no coloca. ¿Tú sabes lo que es el CBD? Esto es como la marihuana, pero no coloca. Es para la ansiedad, para los dolores, para todo esto. Si alguien quiere hacer un pedido, que no os vais a arrepentir, decídmelo. Además, tengo promociones, descuentos del 50 %...

No pongas esa cara, mujer, que el CBD no coloca. Esto es legal. No te preocupes, que podemos hablar de estas cosas aquí sin problema.

Te lo digo yo que ya he estado aquí antes... No tardarán en salir a avisarnos. A veces tienen mucho lío. Hace mucho que no venía... Y lo que más me ha llamado la atención es el olor... Es un olor que no se olvida. A lo mejor no os habéis dado cuenta, pero cuando estás aquí un tiempo y vuelves a entrar lo reconoces. Huele como a sudor. Una mezcla entre sudor y desesperación. ¿No te huele a eso? Seguramente no te des cuenta el primer día, pero cuando vuelves... se te va quedando pegado ese olor. Y eso aquí en España, imagínate cómo tienen que oler en otros países.

El que tiene que saber cómo huelen las de Tailandia es el Daniel Sancho. ¿A quién venís a ver vosotros? ¿A un amigo? ¿A un familiar? ¿A pegar un polvo? Que los presos dan mucho morbo, yo lo entiendo... Pero hay que ser un poco... *(Reaccionando a alguna cara de sorpresa)*. No ponga esa cara, hay gente que viene directamente, sin conocerlos, porque quiere tirarse a un preso. *(Se ríe)*. Y pagan y todo. Yo siempre les decía: «Tío, no sabes lo que estás haciendo. Aquí hay mucha mierda». Yo, de verdad, venir a la cárcel a... pero, bueno, lo respeto, no quiero que nadie aquí se sienta juzgado... *(Pausa)*.

Yo es que sé cómo funcionan estas cosas. He estado en ambos lados. El de allá y este. Más bien, he estado más en el de allá. *(Se ríe)*. En un banco como este pasé horas...
Para los que no me conozcan soy Jesús Ruiz, los que me conocen ya saben que me llaman «el Pollito». Yo empecé con lo de los porros a los catorce años. A veces, se hace tarde demasiado pronto. Y para mí con catorce años ya era tarde.

Gerona, el restaurante de mi madre, conocí a un chavalín que me gustaba un poco. Total que me llevó a un local donde estaban sus amigos, que nada más abrir las puertas solo salía humo y estaban todos con una cara de tirados. Allí el tiempo parecía detenerse entre el eco de las risas sordas y ese aroma a nicotina. Por hacer la gracia yo le dije que fumaba de toda la vida... y venga a fumar, venga a fumar... que a las dos horas no me podía ni levantar.

Cuando mi madre me vio entrar en casa me dijo: «¡Por Dios, Jesús! ¿Dónde estabas? Vete a la farmacia, que no me puedo ni mover». «Venga, mamá, estaba con mis amigos». Yo sí que no me podía ni mover, solo quería llegar a mi cuarto. «Jesús, no me mientas, que hueles a tabaco». Esta ciudad, este maldito lugar te chupa hasta dejarte seco y, si caes, nadie está ahí para levantarte.

Con los porros empecé ya a ir menos *a cole*, comencé a robar algunas colonias en el Mercadona, en el Hipercor también a robar algunos cedés para compañeros del barrio, por si me daban algo. ¡Así se empieza! Con cosas inocentes... como un hilo que se deshilacha de un jersey, comienzas con un simple tirón y cuando te quieres dar cuenta, ya no te lo puedes ni poner. «¡Por Dios, Jesús! Te voy a decir una cosa.

No te compro los libros para que te quedes ahí tirado». «Mamá, ¡déjame en paz! Tengo dieciséis». «Me tienes ya hasta las tetas, Jesús; si no quieres estudiar, te pones a trabajar. ¡Tanto tabaco! Que la nevera no se llena sola». «Pues me pongo a trabajar». «No te preocupes, que me ha dicho que Martín necesita un ayudante». Y así aprendí el oficio de cerrajero, entre otros oficios que también hice.

Pero no avanzaba nada. Yo a los dieciséis o diecisiete... Hay veces que os va a parecer que os miento, por una fecha o por algún dato. Lo que pasa que no tengo la cabeza muy bien... Son cositas de la droga *(se ríe)*. Y no puedo hacer nada. «¡Por Dios, Jesús! Todo el día tirado en el sofá y yo dejándome el lomo trabajando. Por ahí no paso. Además, ya me ha dicho la Puri que te vio en el Mercadona eligiendo colonia». «¡Vete a la mierda!». «Si quieres vivir aquí tienes que traer un sueldo». «¿Y si no, qué pasa?». «Que ya sabes dónde está la puerta...». Esa noche me fui al piso de mi amiga Lucía, que no podía pagarlo ella sola. Al poco tiempo nos quedamos los dos sin curro y bueno... una noche estábamos cenando kebab cuando me pregunta Lucía *(mascando chicle)*: «¿Y tú como consigues el dinero?»; y yo: «Con las colonias, las saco del Mercadona y luego las vendo a la mitad», a la mañana siguiente estábamos los dos haciendo la compra... y bueno, robábamos las colonias, los perfumes, comida para comer, nos metíamos embutido, pan, leche... Nos tiraron del piso y nos metimos a vivir de okupas.

Nuestra prioridad era tener porros, no tener una casa. Esto te pasa cuando te vuelves adicto, que tu prioridad pasa a ser esa sustancia. Todo lo demás pasa a un segundo plano, que no quiere decir que lo dejes tirado, pero pasa a un segundo plano. Hay cosas de las que todavía me arrepiento. Al poco tiempo, Lucía se lía con un africano. No sé por qué, pero le encantaban los africanos. Se iba a bailar *kizomba* con él, yo los veía bailar y le decía: «Lucía, te va a dejar preñada en una de esas» y Lucía se reía. Se reía hasta que un día me viene llorando y me dice *(mascando chicle)*: «Que me ha preñado, y me ha dicho que me tengo que ir a vivir con él». Yo en aquellas noches, todavía no me había cruzado con la sombra de aquel hombre que me jodería la vida.

«Amigo, tú estar .fatal. Sin trabajo, sin dinero, sin nada». «No me comas la oreja, Samu». Se llamaba Samir, pero le llamaba Samuel porque a mí los idiomas se me dan fatal. «Amigo, yo te puedo ayudar». «Que no necesito tu ayuda, tú solo dame algo que arda, algo fuerte». «Amigo, pero si tú no puedes pagar». «Me cago en Dios... claro que puedo pagar». No podía pagar. Entonces, como un susurro de un viejo cuento me dice: «Amigo, yo tener un plan. Tú venir conmigo a Marruecos una semana, conocer allí a familia, amigos, tú traerte algo y... quedarte quinientos euros». Buah, quinientos euros... brillaban como un faro en la oscuridad.

Bueno, yo no sé si esto ha prescrito... La verdad es que nunca me he preocupado *(se ríe)*. Sí, porque fue con dieciocho y ya han pasado más de diez años. Bueno, pero tampoco hay pruebas. *(Burlón)*. A lo mejor estoy mintiendo... ¿vale?

Total, que de Gerona a Barcelona, de Barcelona a Algeciras, Algeciras a Tetuán a buscar un kilo y medio de hachís. veinte horas en bus que me mataban. Me mataba porque no podía fumar. Llegamos y al pasar la frontera de Marruecos me acuerdo de que subimos a un taxi. Menudo cuadro: los cinturones de seguridad estaban rotos, no tenía taxímetro. Total, que el Samu se pone a discutir con el conductor del taxi hasta un nivel de bajarse del coche y ponerse a chillar *(imita el acento árabe discutiendo)*. De Marruecos me impactó mucho la separación entre hombres y mujeres. Me gustó mucho la hospitalidad, que te envuelve como una manta en una noche fría. Me gustó el precio de las cosas: me comí un bocadillo de pincho por treinta céntimos de euro.

Allí hacía cosas de hombre: tomar café, comprar, tomar más café, fumar porros. Una vez fuimos a fumar *shisha*, un amigo del Samu me dice si quería fumar algo bueno. Y yo: «Pues claro que quiero fumar algo bueno». *(Se ríe).* Y me dice: «¡Pero es fuerte, cuidado!». Y me da una bolsa de la compra, con la esquina petada de hachís y me dice: «Esto para ti». Me hago un porro, era hachís pakistaní, yo no sé lo que era... Pero me quedé tirado, más tirado que una puta colilla. Yo estaba superfeliz, no quería moverme de allí. No sé cuántas horas estuve en esa terraza de *shisha*. Moraleja: el chocolate allí es cien veces más bueno que aquí. A ver, una cosa *(se ríe),* no quiero hacer apología de la droga. En aquel tiempo, fumar porros para mí era como beber cerveza. Y si lo haces, ¿por qué no buscar la mejor calidad?

El día que había que viajar a España viene el Samu con quince placas de chocolate. «Amigo, esto es lo que te tienes que llevar. Tranquilo, yo controlar todo». Saca una faja *(Jesús se levanta la camiseta)* y me la colocan alrededor del estómago. «Y si nos pillan, tío. Yo no quiero acabar en la cárcel». «Amigo, no tener miedo. Es fácil. Piensa en los quinientos euros, en lo que hacer con ese dinero». Samu seguía colocándome las placas por aquí, y yo pensaba en aquella obra de teatro que teníamos que leer en el instituto. La de *Bajarse al moro*. Yo me vi la película. Las dos protas se preparan para meterse el costo por el culo o por el chumino..., pero una dice que por el chumino no, que es virgen... y la otra le intenta buscar un tío para que la desvirgue.

Yo estaba jiñado vivo. Total, que cuando llegamos a la aduana, paran el coche la policía de Marruecos para registrarlo. Yo con las placas aquí, estaba sudando sin parar... El Samu le paga unos doscientos dírhams, que son como unos veinte euros, y nos dejan pasar. Llegamos al puerto, me quedo ya yo solo con mi maleta, mis gafas, mi cámara de fotos... ¿Qué es lo que hice? Pues vi a la Guardia Civil y fui directo. Como no sabía dónde ir y estaba tan nervioso, fui a preguntarles para que así no tuvieran sospecha. Seguía sudando, echaba un olor que pensaba «ya verás»... Fue perfecto, cogí el ferry a Algeciras y cuando llegué me metí en un baño para sacarme las placas. Imaginaos... estaban superblanditas. Cogía el autobús que estuve veinte horas hasta mi casa. A los días me llama el Samu para que le lleve la maleta. Cuando se la llevé, me dijo: «Amigo, mañana por la mañana te pago». *(Sonríe)*. Y ahí se quedó. No me pagó. El hijoputa. *(Se ríe)*.

Yo, aun así, meses más tarde volví a hacer un segundo viaje. Pero cuando estaba en el puerto para entrar en Marruecos un policía me paró y me dijo: «Te voy a advertir: si cuando vuelvas a España llevas algo, te lo vamos a encontrar y te lo vamos a registrar». Total, que me cagué tanto que no lo hice, y cuando volví a España absolutamente vacío, me registraron de arriba a abajo. Podía haber caído, pero no caí.

(Gritando). «¡Lucía! ¿Quieres darte prisa?». Era tan presumida que se ponía guapa para ir a sisar *(mascando chicle)*. «¿Te quieres esperar, coño?». «Como lleguemos para el cierre no vamos a poder pillar nada. Yo te espero en la calle». Aunque ya no vivíamos juntos, manteníamos la tradición de las colonias para sacarnos unos euros. Me salí al portal a esperarla cuando en el suelo me encuentro una plaquita cuadrada de oro. De las típicas chapas que pone tu nombre. ¿No? Ponía un nombre... Álex. Me la quedé. Me la guardé en el bolsillo y me la quedé. No sé, nunca había tenido nada de oro, me hacía gracia tener algo de oro... y me la quedé. No pasó nada.

Pasarían unos meses, yo qué sé. Uno de esos días que necesitaba fumar y, como no tenía dinero para pillar, cogí la placa, la llevé a una tienda de esas de «compro oro» y la vendí. Me dieron... algo así como cincuenta euros, no fue una gran cosa. Fue fácil, te piden el DNI, un tío valora económicamente *(se ríe)* por mucho menos la placa y te dan el dinero en el instante. Me fumé lo que tenía que fumar y no paso nada.

Como esa plaquita de oro, hay cosas que una vez perdidas nunca vuelven. Los chavales deberían estar descubriendo tesoros, no vendiéndolos por unas caladas. En aquella época cualquier cosa de valor me quemaba en las manos para cambiarlo por humo.

A los dos meses me llama mi madre: «Por Dios, Jesús, ¿qué has hecho? Te está buscando la policía». «¿Qué dices, mamá?». «Me tienes hasta las tetas, Jesús. ¿En qué lío te has metido? Haz el favor de ver qué pasa». Total, que me acerco a la policía, cogí el último bus para Gerona, el de las ocho y media. Me atendió una policía, le entregué el DNI y viene al rato y me dice: «Bueno, Jesús, no te pongas nervioso. Vas a ser detenido. Te vamos a coger todos tus datos, las huellas, te vamos a hacer fotos. Vas a dormir en una celda y mañana se te hará un juicio». «Pero si yo no he hecho nada». «Tranquilo, ya verás como mañana se resuelve». «Tiene que ser una confusión. ¿No me puedes dar más información?». «No te preocupes, Jesús, hoy duermes aquí porque tenemos una orden de detención y ya mañana te damos todos los detalles». Bueno, de retención, perdón.

Total, que me toman las huellas, la foto... Me hicieron la típica foto con el número ese aquí cogido. De frente, de perfil... Le dije a la policía: «De perfil también... Con esta narizota que tengo. ¿No me las puedes hacer todas de frente?». *(Se ríe)*. No, no... eso no se lo dije. Pero siempre he tenido la fantasía de decirlo las dos veces que me han tomado fotos. «De perfil no, que salgo feísimo». No lo hice nunca, evidentemente.

Ahí estaba yo en los calabozos, era como una habitación pequeña. La policía me trajo una manta que apestaba a *meaos*. Cualquiera se tapaba... Y ahí tuve que pasar la noche. Como no me dormía, miraba las paredes que estaban comidas de mierda, también había paredes pintadas con sangre. Sí, sí... Había nombres escritos con sangre. Yo me imaginaba a una persona haciéndose un corte para escribir su nombre... La gente está muy mal de la cabeza. Me trajeron un bocadillo y un zumo, y ya me dejaron ahí toda la noche.

Yo estaba acojonado. Yo no sabía si me iban a traer un asesino o un ladrón..., no sabía. Lo pasé fatal. Aunque finalmente estuve yo solo toda la noche. Estaba relativamente relajado porque sabía que no había hecho nada. No podía fumar... Pero bueno.

A la mañana siguiente me dice la policía: «Bueno, Jesús, ahora te vamos a llevar delante del juez para que sepas lo que ha pasado, y va a haber un juicio». Me llevan a los juzgados y el juez me dice que se me acusa del delito de un robo de una plaquita de oro de dentro de un coche. Le digo...: «¿Cómo?». El juez me enseña el documento de venta de la placa, donde se ve mi DNI y la foto de la placa. Yo le digo: «Sí, sí..., yo vendí esa placa». El juez me sigue informando de que esa placa fue robada en un *parking* el veinticinco de diciembre. En las imágenes se ve a un hombre en una moto. Yo le digo: «Señor juez, yo... Lo primero, el año pasado en Navidad yo no tenía ni moto, ni carné de moto. Yo no he sido. Yo esa placa la he vendido, me la encontré en el suelo y la vendí. No era mía, eso es cierto. Pero no la robé».

Total, que hicieron declarar a mi madre que yo había estado la Navidad anterior en su casa. «Por Dios, Jesús... ¿Cómo se te ocurre vender la dichosa plaquita?». Mi madre con un disgusto. Total, que la jueza me absolvió. Me dijo que básicamente se había intentado demostrar que como yo la había vendido, pues que yo la había robado. O al menos soy como cómplice, pero no se me condenó a nada, porque la jueza me creyó. Bueno, me condenó, eso sí, a una amonestación porque aquello no estaba bien. Que la próxima vez tenía que llevar lo que me encuentre a la policía. Pero no se me condenó a nada más. Se me declaró inocente del robo y culpable de la venta. Pero sin sentencia. «Por Dios, Jesús, lo que tienes que hacer es buscarte un buen trabajo. Como te vuelva a·ver metido en una de estas... no sé qué te hago».

Así que le hice caso a mi madre y me puse a buscar trabajo.

«Buenas tardes, venía por la oferta de que buscan camarero». «¿Niño, pero tú tienes edad de trabajar?». Me reí, no porque me confundiera con un menor... que lo era, sino por su manera de hablar... Así, como de *madame* de película..., que también lo era. Se trataba de una mujer de unos cincuenta años, siempre con un cigarro en la boca cuando no tenía una... *(Se ríe)*. «Me llamo Juani y soy la dueña. Esto es un puticlub, y aquí se viene a putear, yo no quiero ninguna pilila detrás de barra, que me las vuelve a todas locas». Entonces le expliqué que por eso no se preocupara, que a mí me iban los tíos. Se rio y me dijo que comenzaba esa misma noche.

Total, que allí empecé a trabajar mano a mano con la Juani. Por la noche servía copas, y por las mañanas, como aquel club estaba céntrico, pues le propuse comprar unos cruasanes y servir desayunos para sacarme un dinero extra. Así que imagínate. Me pasaba todo el día allí.

Me acuerdo un viernes por la noche, el club estaba lleno y la Juani me dice: «Nene, ponle a este señor un vodka cola, que es como de la casa». En frente mía veo un hombre que parecía latino, con un tatuaje que le salía por la camiseta. Bien peinado. Con la ropa ajustada. Me da la mano y me pega un apretón... *(con acento colombiano)*: «Me llamo Diego».

A mí me faltaba la respiración. Ese acento... yo lo hago fatal. Pero era colombiano como de las películas. «Ya me ha dicho Juani que eres el nuevo fichaje, me sorprendió que contratara a un hombre para la barra». «Diego, no te equivoques, es que el nene es maricón». La Juani soltaba así las cosas... A mí me daba hasta vergüenza, pero como pagaba bien... Diego no entraba con las chicas. De vez en cuando usaba el despacho de Juani, pero ya está.

Entre cafés y cruasanes por las mañanas y cubatas y risas forzadas por las noches, pasaban las semanas en el club. Cuando podía me subía a la azotea a fumarme un porro y llamar a la Lucía. *(Mascando chicle).* «No aguanto a la niña... Encima su padre todo el día tumbando en el sofá». Ella seguía con el africano. «¿Y a ti cómo te va la vida?», y le decía que yo ya no necesitaba ir a robar lomo embuchado del Mercadona, que ya me lo podía pagar.

Pero una noche yo ya no podía más. Sobre todo, a altas horas de la noche, que el club se ponía hasta los topes. Total, que Juani me dice: «Nene, ven al despacho». Se preparó un par de rayas y me dice: «Toma, aspira». Y yo cogí y me metí la raya, fue superfácil, porque es superfácil. Y me gustó. Porque lamentablemente la coca gusta. Encima te ves con un chute de energía... Aquel día me dijo: «A la primera invito yo, pero las siguientes habla con el Diego, que te hace precio».

Y eso hice, esa misma semana le dije a Diego que si podía hablar con él. Me dijo que sí, que pasáramos al despacho. Él ya tenía unos gramos preparados. Puso la bolsa encima de la mesa. Se hizo un par de rayas, y cuando me vio cómo esnifaba me dijo: «Fíjate, si se la mete como un pollito». Pues anda que no ha dado lo del pollito, se corrió la voz. A los días todo el mundo en el club me llamaba «pollito».

Yo empecé a encajar las piezas. Diego era el camello de aquel club. Como el oficial. Se pasaba toda la noche en la barra y cuando alguien quería pillarle se metían en el despachito y listo... Si no fuera por los tatuajes y ese aspecto de malote, era un buen tipo... y siempre de buen rollo. «Ey, Pollito, ¿qué tal el día?». Era con el único que hablaba casi. «Te veo cansado, Pollito. ¿Todo bien?». Parecía hasta que se preocupaba.

Y encima era tan atractivo. Para que os hagáis una idea, yo fantaseaba con que en alguna ocasión haríamos el amor allí en el despacho de la Juani. ¡Pero qué va! Él solo me hablaba de las discusiones con su «parienta», como decía él. Yo al principio le pillaba un gramo. Luego se me hacía corto y compraba gramo y medio. Luego dos. Total, que al final entre el hachís que fumaba, los taxis que tenía que coger para ir hasta el club y la coca... un día tuve que robar cincuenta euros de la caja y pensé que aquello se me estaba yendo de las manos. No lo de la coca, lo de robar. Así que a la mañana siguiente me cogí lo que yo consideraba que me correspondía y le dejé una nota a Juani diciéndoselo. Allí no te hacían contrato... Nunca me reclamaron nada. A ver si os pensáis que... Me cogí trescientos euros por cinco días que faltaban por pagarme.

Con esos trescientos euros llamé a Diego. Se quedo flipando cuando le conté que me había ido del club. A las semanas, cuando volví para comprarle, ya no le podía pagar y me dijo: «Pollito, por qué no te vienes a mi casa y me ayudas a pintarla. Y así no me tienes que deber nada. Somos amigos y no quiero que tengamos problemas de pasta».

Le dije que sí. Yo no había pintado en mi vida. Pero allí estaba en su casa y toda esa semana cogimos mucha confianza. Conocí a su «parienta». Ellos no paraban de discutir. Ella se enfadaba y yo le decía: «Diego, es que no tienes sentimientos, de verdad. Es que parece que no te duele que se enfade». Porque ellos me utilizaban a mí como... cuando se enfadaban... como yo era el maricón, me utilizaba a mí para que hablara con ella... Y yo le decía: «Tío, es que no tienes sentimientos. Eres un puto hielo». Entonces él me dijo: «Mira, Pollito, te voy a explicar una historia que me pasó en mi vida y por eso a lo mejor me vas a comprender un poco». En ese momento, me quedé impactado. Por fin iba a saber algo de su pasado.

Me cuenta que en Colombia, en el barrio donde él vivía, era un sitio donde había bastante venta de droga. Él comienza a vender sin darse cuenta de que en ese territorio ya hay otra gente que vende droga. Le mandaron un mensaje los otros traficantes y le dijeron que le daban un plazo para que se fuera. «Yo, *man*, no hice caso a la carta. Yo tenía un par de huevos y si vienen voy a pagar», como dicen allí en Colombia.

Una mañana tocaron a la puerta de su casa. «Policía», gritan desde fuera. Abren la puerta y entran tres sicarios y delante de sus ojos mataron a sus padres, a su mujer, a sus dos hijos y sus hermanos. «Los mataron en mi cara. ¿Te imaginas? Por una decisión que yo había tomado». Le dijeron algo así como que ya lo habían avisado y que ahora iba a sufrir toda su puta vida. En ese momento entendí que Diego, que su carácter, se había vuelto hielo. Que había aprendido la lección de cuidar a los suyos. Y yo, no sé, por un momento me sentí uno de los suyos.

Él todos los días me iba dando un gramito, total, que cuando terminé de pintar la casa no me tuvo que pagar nada porque ya me lo había... consumido todo. Le dije que si me hacía el favor de darme algo para el fin de semana. «Mira, Pollito, tengo un plan para vos. Justo ahora mismo vienen dos chicas de Perú que han ido por un encargo. Si vos gustas, puedes hacer algo parecido y te ganas diez mil euros limpios. Así no *tenés* que andar pidiendo favores».

«Lucía, ¿tú tienes algo que hacer el mes que viene?». *(Al público)*. Diego me dijo que tenía que ir con una mujer, ya sabéis, es más fácil pasar el control si da la sensación de que vas con tu madre o con tu novia. *(Hablando por teléfono)*. «Es que tengo unos amigos que me han invitado a Perú, por si te quieres venir. ¡Yo qué sé qué hay en el Perú! Así sales y te aireas, que todo el día con la niña no tiene que ser bueno». *(Al público)*. Según Diego, estaba todo garantizado. Me dijo que iban a pagar todo: la policía, embrujos, todo..., que se pasaba seguro. Además, yo ya tenía experiencia con lo de Marruecos. Controlaba si iba bien o no la situación. *(Hablando por teléfono)*. «No, tranqui. Que yo te pago lo del viaje». *(Al público)*. Yo intentaba hacerle ver que estaba todo controlado. *(Hablando por teléfono)*. «¡¿Qué trapicheo?! ¿Qué tendrá que ver lo de las colonias? Tengo un dinero ahorrado y después de lo del club necesito unas vacaciones, y te quiero invitar. No sé, la niña la dejas con su abuela, o con el africano...». *(Al público)*. Teníamos todo pagado, los billetes, la estancia de un mes allí en Perú, los hoteles...

De todo se encargaba el colombiano. *(Hablando por teléfono).* «¡¡En serio!! Te quiero, tía. Ya sabes que para mí eres como una hermana».

Esa misma semana nos sacamos los pasaportes, fuimos a la agencia de viajes, sacamos los billetes... Lo teníamos todo listo. Total, que el día que sale el vuelo nos viene a recoger Diego y su parienta en un Mercedes para llevarnos de Gerona al aeropuerto de Barcelona. *(Mascando chicle).* «¡Menudo cochazo! ¿Y de qué conoces tú a este?». Le dije que era un colega del club. Lucía y yo nos subimos a la parte trasera del coche. Rumbo al aeropuerto. De muy buen rollo, de risas por la carretera. Paramos a echar una meada, y mientras que estamos Diego y yo solos en el baño, me dice: «Mira, Pollito, si todo sale bien yo te voy a pagar tu dinero, y yo me quedo con mi droga y todo bien. Si sale mal, tú caerás preso y nosotros te ayudaremos. Pero si tú hablas, nosotros tenemos que matar a tu madre». Me lo dijo así, como el que te dice los resultados de la liga.

Llegamos al aeropuerto y, al despedirnos, Diego me da un sobre con dinero. El tío no se corta. Yo le echo un vistazo al sobre y tampoco hay mucho. Como para pagar el hotel. Estamos allí esperando y Lucía me dice *(mascando chicle)*: «Jesús, yo no soy tonta. Dime la verdad». Yo al principio le digo que está exagerando, pero la Lucía me dice *(mascando chicle)*: «Ya verás lo que haces, pero no subo a ese avión si no me dices de qué conoces al pavo ese». Y al final me toca contarle que Diego es narco y que me va a pagar diez mil euros. Pero que ella no tenía que hacer nada.

(Mascando chicle). «¿Por qué haces esto?». «Mira, Lucía, mi madre tiene varias enfermedades que padecen muchas mujeres, que son reuma, fibromialgia, artrosis, osteoporosis y artritis, que todas juntas hacen que viva permanentemente con dolor. Hay una máquina que se llama Moval Home 3000. La que sale todo el rato en la tele y cuesta cinco o seis mil euros. Tú no vas a tener que hacer nada. Solo acompañarme. Tómatelo como unas vacaciones pagadas...».

Si me preguntas ahora, lo hice porque era un cabrón. Lo de mi madre era cierto, y seguramente le hubiera comprado la maquina con los diez mil euros, pero no es excusa. Quería viajar, quería convencerla, no tenía a nadie más. Y lo hice. No tengo otra justificación. Porque tenía el convencimiento pleno de que iba a ganar yo e iba a ganar ella, una vez que ella lo supiera.

Allí en Perú, ni vacaciones pagadas ni hostias. El dinero que me había dado Diego solo daba para pagar los hoteles. No pudimos ni ir a ver el Machu Picchu, con lo caro que era el *jodío*. Hasta para comer tuve que pedir que me mandarán más dinero.

Pasan los días y Diego me dice que dentro de poco nos traerán las maletas. Así que yo le tenía que decir a esta mujer que le iban a regalar una maleta. Tal cual le dije: «Lucía, nos van a regalar una maleta a cada uno». Y Lucía, que estaba casada con un traficante africano, me dijo: «Toma para ti *(mascando chicle)*. Vete a tomar por culo, Jesús. Que yo tengo una hija. Ya mismo me voy a la embajada de España para que me paguen un billete de vuelta». Madre mía. Me cagué de miedo, tuve que llamar al colombiano y decirle que le pagara el viaje de vuelta a esta mujer. *(Con acento colombiano)*: «Tranquilo, Pollito, no va a haber represalias, le pagamos la vuelta, pero tú vas a tener que traer también la *merca* de ella».

Pasarían un par de días desde que Lucía se fue. El colombiano no me llamaba. Yo ya me estaba rayando. En estos casos no sabes qué es lo correcto. Si llamaba a Diego parecía un desesperado, y si no llamaba podía parecer que no estaba interesado o que me había dado a la fuga.

Se acercaba la fecha para volverme a España cuando me llegó un SMS del Diego que decía *(leyendo el mensaje)*: «Parce», en Colombia significa *amigo*, «mañana te caerán Raúl y Claudia a las siete de la tarde. Son pesados en el negocio», vamos, que era gente importante. «No les saques la piedra», esto ya no lo entendí tan bien, «Por tu bien, no juegues con fuego», tenía que tomármelo en serio, «D» de Diego. Ya me comenzaba a acojonar. ¿A quién me enviaba Diego a entregarme la droga? Yo no estaba preparado para negociar con narcos. Ni con narcos, ni con nadie. Me acuerdo de un par de veces que intenté regatear con una gitana en el mercadillo por un par de *canzoncillos*. Empecé a montar mil películas en mi cabeza: vienen a buscarme para llevarme a un rancho aislado, avionetas en el fondo, música de vallenato sonando, vamos... como podríamos ver ahora en la serie *Narcos*. Los tales Raúl y Claudia, con sombreros y botas, sentados en sillas de cuero, rodeados de hombres con radios y bigotes sospechosos. Yo, ajustando mi camisa barata y esperando que mi acento español no sonara tan... pues eso, tan español.

Llegada la hora llaman a la puerta de mi habitación y cuando la abro me encuentro con una mujer que iba vestida como si viniera a echarme las cartas del tarot y un hombre con un peto manchado de grasa y la gorra al revés. Yo pensaba que eran del mantenimiento del hotel, pero cuando me dijeron que eran Raúl y Claudia me quedé un poco bloqueado y un poco decepcionado, no os voy a engañar. ¿Ellos iban a traerme la mercancía? Les invité a pasar y entraron, él con dos maletas, y ella con una bolsa de la compra que apestaba. Eran un matrimonio con cinco hijos, según me contaron, el verdadero contacto de Diego era Raúl. Él era mecánico y como todos... necesitaba otra fuente de ingresos. Así conoció a Diego, que le ofreció una oportunidad de sacar un dinero extra modificando maletas. Y con «modificar» no me refiero a pegarle unos *stickers* o cambiarle las ruedidas. No, no. Raúl tenía un proceso meticuloso. Primero, desarmaba cuidadosamente la maleta, retirando su estructura original. Luego, con una mezcla de caucho y cocaína que había aprendido a preparar, moldeaba un nuevo armazón que, una vez seco, lo montaba y no se diferenciaba de cualquier otra maleta. Pero, claro, en lugar de ser solo plástico y tela, llevaba dentro un «extra» muy rentable. Una verdadera genialidad, realmente. Puse algo de música para que se sintieran cómodos, no tenía vallenato, en aquella habitación tan solo había un cedé con canciones de la cubana Olga Guillot... Nos pusimos a hablar de nuestras vidas, fue como si algo en mí quisiera retrasar el inevitable momento en que tendríamos que hablar de «el negocio». Pero tenía que llegar. Y llegó.

Lo que paso a continuación os va a sonar a coña, pero juro que pasó de verdad. Después de darme todas las explicaciones acerca de las maletas mágicas, Claudia saca una bandeja de carne cruda de su bolsa de la compra: «Ahora, querido, llegamos al corazón del asunto», me decía. Sus ojos parecían chispeantes, de un misterio ancestral. «Este ritual viene desde los tiempos de los incas. Lo hacemos con todo el que se lleva un "extra" en su equipaje, para que los dioses del más allá aseguren un viaje sin problemas. Tú confía, ¿ya?». Entonces, Raúl suelta una carcajada y añade: «Causa, si con los otros que vinieron funciona, contigo también, ¡ni lo dudes!». Me miro al espejo y pienso: «Esto no puede estar pasando».

Claudia entonces empieza a verter aceite de oliva en la bandeja de carne. «Aquí, querido, el aceite de oliva es como el agua bendita», explica. «Además, va a hacer que la carne se deslice mejor sobre tu piel». En ese momento, *Soy lo prohibido* empieza a sonar de fondo. Claudia me pide que me quede en ropa interior y me meta en la bañera. Me embadurna con la carne aceitada mientras entona algo en quechua. La vulnerabilidad se convierte en una forma de resistencia.

Desnudo en una bañera de un hostal barato, con una «chamana» mujer restregándome no sé qué animal muerto, y un mecánico que hace de narco en sus ratos libres para sacarse un dinero extra mirando. Si esto no es tocar fondo, no sé qué lo es. Pero, bueno, si me asegura pasar por la aduana sin problemas, ¿por qué no? Al final, la vida es tan ridícula que si no te ríes de ella, ella se ríe de ti.

Acaba el ritual y antes de despedirse faltaba la última sorpresita: aparte de las maletas, me dieron un tubo así de grande con quinientos gramos *(hace una pausa, suspira)*. Sí, ya sabéis dónde tenía que ir.

Pasé toda la tarde probando... *(sonríe con ironía)* y no, no me refiero solo a meterme el tubo. Era una tarde de extremos, de subidas y bajadas, como una montaña rusa emocional y física. *(Pausa)*. Llamé al colombiano, Diego. Me decía que lo importante eran las maletas, que si el tubo no entraba entero, probara con menos, que no pasaba nada. Pero yo soy de los que creen que si no cruzas ciertas líneas, no descubres qué hay del otro lado. Un poco de peligro me da la vida que necesito.

A la mañana siguiente, bajé a la farmacia, compré un paquete de condones y un tubo de lidocaína. En Perú puedes comprar las medicinas sin receta. Es como si te dieran permiso para destruirte. Me compré un tubo de lidocaína, que es anestesia, y después de darme una ducha puse la coca en una goma y bien de lidocaína y para dentro. Aquello que no entraba lo hice más pequeño. Volví a ponerme más lidocaína y me senté encima. La que no me entró por el culo me entró por la nariz. Y así me fui para el aeropuerto.

Llamé un taxi para que me llevara. Colocado y cagado de miedo, cogí el móvil que me había comprado en Perú y se lo regalé al taxista. Era barato, no quería nada. Llegué al aeropuerto con mis dos maletas, yo con sorpresita por dentro como un huevo Kinder.

(Serio, casi susurrando). Me dirijo a mi compañía de vuelos, me preguntan si voy a viajar solo, me cogen el billete, el pasaporte, y en ese momento sentí una mano en mi hombro.

Por un momento sentí que aquella mano no era desconocida. Una mano cálida, firme..., que apretaba mi hombro buscando complicidad, camaradería, no sé si algo más. O sí *(se ríe),* sí que lo sabía. *(Sonríe con dolor).*

Esa noche, Diego me había seguido a la azotea del club. Había tenido un día horrible: el trabajo, mi madre, cada vez estaba más enganchado... El mundo se me estaba yendo a la mierda, y de repente sentí esa mano... *(Con acento colombiano)*: «Tiene alas, Jesús», me decía. *(Pausa).* Y yo, como un crío con zapatos nuevos, soñaba con volar. *(Pausa).*

Para que te hagas una idea, era la primera vez que me tocaba. Esa sensación de que me tocara... *(se ríe)* es como cuando te metes tu primera raya. Te marca, te quema por dentro. ¡Joder, si quemaba!

«Nunca le he visto tan filosófico... ¿Está bien o se ha vuelto a pelear con la parienta?». Intentaba bromear, volver a las típicas conversaciones que teníamos.

Notaba que me miraba serio, pero con cariño. *(Con acento colombiano)*: «Conocerle me ha hecho pensar. Hay algo en su forma de ver el mundo... Me recuerda a cuando yo era más joven». Un escalofrío me recorrió la espalda. Intentaba aparentar normalidad. Me saqué un cigarro. Su mano no se movía de mi hombro.

«¿En serio? Por qué yo tengo la sensación de seguir al resto sin saber muy bien por qué». No sé por qué cojones dije aquella puta tontería. *(Con acento colombiano)*: «No, tiene alas, Jesús, y yo le voy a ayudar a usarlas».

Y por un momento pensé que todo iba a salir bien.

Esa mano en mi hombro... era más que un gesto. Era una trampa. Y yo caí. Caí porque... porque él me hacía sentir vivo. Porque cuando me tocaba, los demonios que llevaba dentro se callaban, y todo parecía posible.

Diego me enseñó a bailar con mis diablos, pero nunca me dijo que la música pararía. Ahora, aquí estoy, esperando que esa mano en mi hombro sea la suya de nuevo. Aunque sé que solo me espera la puta mano de aquel policía, la realidad golpeándome, arrancándome de mis recuerdos para devolverme a aquel aeropuerto.

Lo que viene a continuación ya lo suponéis. Me llevaron a una salita, abrieron las maletas, volcaron la maleta. En la maleta había un montón de ropa de niño, de niña, ropa usada. Era evidente que no era mía... Me preguntaron: «¿Esto es tuyo?». Dije que «Sí, es toda mi ropa». *(Sonríe)*. Comienza a rajar la maleta para ver si salía polvo blanco, pero no salía polvo blanco. Y no salía, no salía. El policía me dice: «Es que estoy seguro de que llevas. No puede ser que tu maleta sea antigua y el forro por dentro es nuevo». Rajaba, rajaba, rajaba... «Bueno, vamos a llamar a un perito». Llamaron a un perito, viene, ya ves tú, pasa un bastoncillo por la maleta, echa espray y se puso eso morado. Y me dice: «Esto da positivo en alcaloide de cocaína». Me pregunta: «¿Sabías que llevaba esto?», y le dije que sí, que claro que lo sabía. Y me dice: «Quedas detenido por un supuesto delito de tráfico de drogas, modalidad correo internacional no sé qué..., que podía llamar a un abogado, si no tenía un abogado...». Me dejaron atado con unas esposas durante diez horas. Después fue un espectáculo, vino la fiscal antidrogas, el mayor de la policía nacional, bueno, bueno, bueno..., fue un espectáculo. Me querían grabar, dije que no autorizaba, empezaron a coger los trozos de caucho a ponerlos en la báscula, y subía, subía y subía... Me dice la fiscal: «Si sube a más de diez kilos, te vas a quedar veinticinco años aquí metido». *(Se sorprende y se ríe a la vez)*. Madre mía, sus muertos. Y en la báscula: nueve, diez, once... *(Sigue riéndose)*. Llegamos a quince kilos casi. Menos mal que, una vez que esas piezas las llevan a un laboratorio, sacan la sustancia real y la pesan. Y por suerte le pegaron una estafa al colombiano y no era pura, era un sesenta y solo había tres kilos y medio. Bajó por eso y porque también se quedan con una parte, luego me enteré de que ellos se quedaban una parte para revenderla en el mercado. Entonces solo me declararon tres kilos redondos.

Luego está el tubo que tenía guardado, a las cuatro horas, que yo ya no me aguantaba más, pedí permiso para ir al baño. Y os juro que esto es así de cierto, y lo podéis ver en mi sentencia, pedí permiso para ir al baño y solté el tubo por ahí atrás porque ya no podía más con kilo y medio ahí metido. No se dieron cuenta. Luego yo se lo dije a la fiscal, y gracias a eso tuve un atenuante para que me cayeran menos años. Como si dijéramos, una compensación por haber sido sincero.

Mientras que te están investigando tú tienes que pagártelo todo: los desplazamientos, las comidas, etc. Recuerdo que la comida eran unos quince soles. Justo había terminado de comer, al día siguiente de mi detención, estaban todavía con la investigación. Se acercó un agente peruano y me dice: «Amigo, te voy a ser claro. Esta situación podría resolverse fácilmente... si tuvieses algo de plata, ¿me entiendes?».

Yo me quise poner interesante... «¿De cuanta planta hablamos?». El tipo se acercó y me susurró: «quince mil dólares». «Oye, si tuviera dinero, no estaría aquí metido en este berenjenal, ¿no crees?», le contesté. Pero se pensaba que estaba negociando. «Si la noticia llega al mayor, el precio sube. Serían treinta mil dólares. Así es el negocio, amigo». «Lo único que tengo son quinientos euros», le suelto, esperando que al menos eso le haga darse la vuelta. Pero no, el tipo se ríe, casi burlón. «Ja, ja, ja, amigo, por quinientos euros no te cerramos ni la maleta». *(Se ríe)*. El hijo de puta me lo soltó así.

Me suele pasar más veces, se me olvidan las cosas de repente. Los cerebros no distinguen entre una situación real de peligro y una situación imaginaria de peligro. Cuando tú estás en una situación de peligro, tu cerebro libera cortisol en cantidad para que tú tengas en cualquier momento la fuerza y la agilidad necesaria para salir corriendo, para poder dar un golpe, para empujar..., para defenderte. Desde que estuve en la cárcel, mi cerebro piensa que estoy en una situación de peligro constantemente, y por eso ando siempre nervioso, y por eso me afecta al cerebro, al estómago, a los impulsos... y me afecta a la memoria. Y eso solo se arregla con terapia.

¿Por dónde iba? Tengo algunos recuerdos que son como sombras, aunque otros, grabados con fuego. Como, por ejemplo, Pancorbo. ¿Cómo me iba a olvidar? Cuando llegué al penal de Quencoro, el frío se colaba hasta los huesos, un frío tan cortante como la mirada de Pancorbo: «Desnúdate», me ordenó, impasible. Él iba vestido como un trol, con una chaqueta impermeable, con una mala leche... que yo decía: «Madre mía. Esta gente no tiene corazón». Pancorbo revolvía mis pocas cosas con desdén, y yo me apresuraba a ponerme el uniforme.

De repente, me lanza una mirada y suelta: «Así que tú eres el nuevo, ¿eh? Todavía pareces un gurí, un polluelo recién salido del cascarón». Confundido, solo atiné a repetir: «¿Un gurí?». Y él, con esa voz que parecía molida por el cemento del lugar, me dice: «Sí, pata. Demasiado joven para este infierno». Continuó confiscándome lo poco que tenía: tabaco, productos de higiene... Mientras me explica que primero te encierran quince días en prevención, para clasificarte, para decidir tu módulo. Pero esa noche Pancorbo, con un deje de algo que parecía compasión, me dice *(murmurando)*: «Pata, no te preocupes, te voy a mandar al módulo de extranjeros». «¿Módulo de extranjeros?», pregunté con un hilo de voz. Y justo al abrir la puerta, lanzándome al mundo desconocido de Quencoro, me advierte: «Así es. Y recuerda, mejor que te quite yo estas cosas a que te las quiten ellos. Aquí cada uno vuela como puede».

Cuando salimos del registro aquella noche, yo solo atinaba a ver un campo con muchos edificios, pasamos por pasarelas, escaleras y pasillos. Caminamos un buen rato hasta que llegamos a una escalera custodiada por una reja amenazante. Al entrar en el módulo, lo que se extendía frente a mí era un pasillo interminable, un corredor que se tragaba toda mi esperanza. En el suelo, ruido de ratas. Sabía que eran ratas porque se escuchaba *(imita el sonido de las ratas chillando)*. El funcionario, con un gesto brusco, levantó los plomos y decenas de ratas salieron corriendo. Aquello era un espectáculo.

Al final del pasillo, una reja negra iluminada por la tenue luz de una vela. «Tienes que ir allí, al fondo», me indicó con una voz sin la poca cortesía que pudo haber en algún momento. Imagina ese pasillo, treinta celdas a cada lado, y tú tienes que caminar hasta el final. Según pasaba oyes golpes en las rejas. Otros presos esperando carne fresca como en las pelis. Yo iba acojonado.

Pancorbo sacó las llaves, arrastró la puerta, miento, me pidió que arrastrara la puerta. Dentro de la celda había un montón de gente, diecinueve personas. Es que no sé cómo haceros ver esa imagen. Era como un campo de yonquis, con su vela al lado, limpiando su pipa. Era como un puente de vagabundos. Recuerdo el humo y un olor que no identificaba. Era un olor dulzón. Pancorbo dijo que era el nuevo y cerró la puerta conmigo dentro.

(Susurrando). ¿Alguna vez os han dado un golpe muy fuerte en el pecho? Uno de esos que te dejan sin respiración, que te hacen creer que es el final. Durante un microsegundo se me vino todo encima y escuché, os juro por mi madre que así fue, escuché la voz de mi abuela decirme: «Jesús, ¿qué has hecho?». *(Pausa).* Quería decirle... hablarle del dinero, de que Diego no tiene la culpa, de la máquina para mamá... Incluso, decirle que tal vez necesitaba ayuda. Pero no salía nada. No podía respirar, me ahogaba.

«Hostia, otro paisano». Me grita una voz con acento español. Yo... yo no podía hablar. Quería explicarle todo a mi abuela, desahogarme... «Pero ¿de qué parte de España?». Y mientras intentaba responder, la necesidad de hablar con ella, de explicarle, se desvanecía... y empecé a respirar de nuevo

Pero no paraba de llorar. Allí conocí a «el Trompi», que con una mezcla de desdén y comprensión en su mirada, me dijo: «Llorar aquí no sirve de nada, chaval». «El Trompi» era un hombre taleguero, de unos cincuenta años, tatuado de arriba abajo, vamos... supertaleguero *(se ríe)*. «Aquí, o nadas o te hundes». Aquella noche me drogué, ese olor dulzón que os decía antes era pasta básica de cocaína.

Me quedé dormido en el colchón de «el Trompi». Imaginaos qué cuadro. Me dejó dormir en su colchón y taparme con su manta. Cuando entras en prisión, tienes que buscarte la vida para encontrar un sitio en el que dormir, para conseguir un cacharro en el que comer, o incluso papel higiénico para limpiarte el culo. Tienes que buscarte la vida para cualquier cosa. Allí en la cárcel tienes que buscarte la vida. Porque, por no tener, ni siquiera me tenía a mí mismo.

A la mañana siguiente lo primero que me hicieron fue llevarme a ver al Julio. Un peruano que soñaba con ser piloto de avión y que comenzó a vender droga para poderse pagar las prácticas de vuelo. «Por meses recaudaba, promedio..., sí, doscientos..., trescientos mil dólares. Dependiendo del tiempo en que se venda la mercadería», me contaba. «Mira, Julio, yo no tengo nada para pagarte...». «No te preocupes... ¿Así que de España, verdad?». Cuando sabían que éramos europeos nos veían como billetes andantes. «Sí, pero de familia pobre». En ese momento todavía no había descubierto lo que era ser pobre realmente. «¿Cuánto quieres, hermano? ¿Un gramo, dos? Tranqui, yo te voy a solucionar con diez. Cuando tu familia te quiera enviar plata, porque seguro te la mandará rápido, le vas a dar el nombre de mi mujer, Claudia Rosario López, pa' que te lo envíen por Western Union, es como un banco para mandar dinero internacional. Te dan un código con nueve cifras, me lo entregas. Mi mujer lo recoge, me lo trae, te paso lo que debes y te devuelvo el vuelto». No le respondí, me preparó la coca, yo la cogí y me volví al colchón de «el Trompi».

Lo primero que aprendí fue a desaparecer. Tenía tanto miedo que no quería salir de la cama. Comencé a tener miedo porque te das cuenta de que todas las pesadillas de cómo sería la cárcel se hacen realidad. Ves demasiada gente agresiva, mucha gente a tu alrededor que sabes que en cualquier momento pueden ser peligrosos. No podías confiar ni en las ratas. Y yo no quería salir de la cama, bueno..., del espacio que yo tenía como cama. Y así aprendes a desaparecer: estando quieto, estando callado, sin hacerte notar.

Cuando por fin sales al patio, aprendes las normas que hay. Teníamos un horario, una forma de recoger la comida que es todo el mundo en fila con un túper y te echan la comida en él... Según vas aprendiendo estas cosas, te das cuenta de cuánta gente hay con pintas muy deterioradas, gente enferma, mucha tuberculosis, malviviendo... y estás muy triste. No dejas de llorar porque sabes que vas a estar muchos años y es un sitio muy tétrico.

En Cusco, la primera cárcel donde yo estuve encerrado, la cultura está mucho más atrasada. Os daré un dato: el 70 % de la población penal eran violaciones a menores. Para que os hagáis una idea, la prisión estaba en la montaña, y a los presos en Perú no se les cuida. A ver, no digo que haya que cuidarlos, pero al menos darles su comida y sus cosas normales. Pero había cosas que no podía creerme: que la comida fuera eso, que estuviera rodeado todo el día de ratas, cucarachas, no había médico, no había duchas en nuestro módulo, tuve que aprender a mear en una garrafa de gasolina para no salpicar y rezar para no pillar cualquier mierda, porque allí la metía todo el mundo... La primera semana es un trauma. No podía creerme que la tontería que yo creía que había hecho de transportar droga me podía pasar esa factura.

Era como si me mirara en un espejo roto. Un espejo que cuando intentas ver tu reflejo solo encuentras un monstruo deformado. Cuando veías esas caras desgastadas por las drogas, esas siluetas consumidas..., me preguntaba si iba a ser capaz de reconstruirme. Y no lloraba solo por el miedo, o por la tristeza, lloraba porque se había perdido quien yo era. La cárcel no solo te encierra entre barrotes, te encierra en una versión de ti mismo que no reconoces.

Qué puto intenso, ¿verdad?

Tardé unos días en llamar a mi madre. «Mamá, que la he cagado», fue lo único que pude decir antes de ponerme a llorar. «Por Dios, Jesús, ¿qué has hecho ahora?». Decidí contarle todo de golpe. Yo no sabía si la llamada se cortaría y prefería que tuviera toda la información. Le dije la pena que me había caído, cómo era la cárcel, le hablé de Diego y le dije que tuviera cuidado... Yo durante el juicio no había desvelado la identidad de Diego por la amenaza que me hizo de camino al aeropuerto y proteger a mi madre, pero prefería que lo supiera todo. Yo le pregunté: «Mamá, ¿vas a venir a verme?». Y me dijo: «Voy a ir a matarte, hijo de puta. ¿No querías jugar con drogas, hijo?, ahora vas a saber lo que es jugar con drogas».

Mi madre desde el minuto uno ha estado apoyándome. Dándome toda la tranquilidad que ha podido, ayudándome económicamente cada mes, escribiéndome cartas estando enferma, casi sin poder escribir del dolor. *(Haciendo como que da un cabezazo a la derecha)*. «¿A quién le escribes?», me preguntó Fermín. Fermín era un enfermo psiquiátrico. Gritaba. Pataleaba. Hacía cosas de loco. Abría los grifos a todas horas... «Le escribo a mi madre».

Fermín fue uno de los primeros presos que conocí, también era español, y también lo habían metido por hacer de mula, al intentar pasar coca en la maleta rumbo a España. Parecía tonto, pero no lo era para nada, bocazas sí era un rato. Un día se me ocurrió decirle que en España me llamaban «el Pollito», y a la semana siguiente toda la prisión llamándome con el mote. Pero, vamos, a mí me da igual.

No os voy a engañar, allí en la cárcel no dejé de drogarme. Todo lo contrario. Si en España consumía medio gramo, poco a poco fui consumiendo más y más, hasta llegar a seis gramos al día. Y sí, al principio me bastaba con la ayuda de mi madre, pero luego empecé a pedir prestado. *(Avergonzado)*. Yo fui una persona... con deudas. Yo tenía muchas deudas. Deudas de droga, de préstamos y de comida. Ellos te lo adelantaban porque sabían que una vez al mes, sobre todo a los europeos, nos mandaban dinero mediante Western Union. Cuando nos mandaban dinero, íbamos con el código y nos daban una nueva bolsita.

«Mire, Pollito, está literalmente en la lona. No le puedo fiar más», me dijo Julio una vez. «No te preocupes, tío *(marcando el teléfono)*, que mi madre me enviaba hoy dinero». Julio me miraba atento. «Hola, mamá... ¿Pudiste hacer el envío?». «Jesús, ya te he dicho que no te puedo enviar más dinero». «Ok, dame el código». «Jesús, no estarás pidiendo más prestado...». «Nueve, siete, cinco...». Yo le daba el código a Julio y le decía: «Ha enviado doscientos euros». «Está bien, Pollito, qué quieres... ¿diez gramos para hoy?». Yo me he inventado muchos códigos... Y he tenido suerte, porque cuando se enteraban de que eran falsos, te podías buscar un problema, he caído bien o he pagado de otra manera. «Pollito, no me vuelvas a pasar un código falso, porque mi mujer va al banco y la pueden atracar. ¿Entiende?». Yo ahora sí que lo entiendo, pero en aquella época no lo entendía.

Uno de los que vendían marihuana era mexicano. Coincidí con él en una celda donde para separar las literas poníamos unos armarios y así teníamos más intimidad. Total, que yo estaba de coca hasta el culo, era de noche, y de pronto comienzan a tirarme unas bolitas de papel... Yo no me lo podía creer, porque estaba buenísimo. Era bajito, pero de estos mexicanos con piel de toro. Total, que cruzo por encima del armario hasta su litera sin hacer mucho ruido... y aquella noche pasó lo que tuvo que pasar.

Por las mañanas no podíamos decir nada porque él era heterosexual y el resto de sus compatriotas no tenían bien visto eso de la homosexualidad, y menos los que había ahí en prisión. Pero pasaban las semanas y poco a poco íbamos haciendo vida de pareja ahí en la celda. En cuanto se apagaban las luces, yo ya pasaba a su cama. Le llamábamos «el puente aéreo». Durante esos días fui muy feliz, lo que se puede ser feliz estando en prisión. Pasando los días, poco a poco se van enterando. Allí nadie sale del armario, se enteran de que pasan estas cosas... y, bueno, el 90 % de sus paisanos dejaron de hablarle y a mí también.

Fue bonito mientras duró. La directora se enteró porque se chivó un compañero colombiano y, como allí no están permitidas las relaciones homosexuales, pues automáticamente cogió a este chaval y lo separo de mí. Lo puso en otro módulo. Nos cogimos una depresión... En el momento en que se lo llevaban, yo estaba llorando, llorando, llorando... Los compañeros que vendían marihuana intentaron todos poner dinero para que lo trajeran de vuelta, pero no se pudo. Me separaron de él y, bueno..., pues la relación se enfría.

«¡Quieres dejar los grifos quietos!». Estaba en el baño limpiado la ropa. Y Fermín abriendo los grifos. Puto loco, todos los días con los grifos... A mí me daba miedo porque como lo pillaran los funcionarios. *(Cabecea a la derecha)*. «Déjame en paz». Fermín giró la cabeza y empezó a darse golpes hasta que le salió algo que no apreciaba a ver. «Fermín, ¿qué coño te sale de la oreja?». «Son larvas, Pollito». A ver, esto que os voy a contar a lo mejor es un poco desagradable, si hay alguien que le den asco los insectos, mejor que no escuchéis. «¿Cómo que larvas?». «Sí, hace unos meses durmiendo *(cabecea a la derecha)* se me metió una cucaracha en la oreja, y ha debido de hacer nido... y son las larvas». Desde ese día comencé a ponerme tapones en la nariz y en las orejas para dormir.

Bueno, cambiemos de tema... Todavía no me habéis dicho a quien venís a ver, si es a vuestra pareja, iros preparando... Cuando estás en prisión tienes más ganas de sexo que fuera. Lo más normal es el sexo entre presos. No digo que todos los presos sean homosexuales, pero la verdad es que la gran mayoría, y lo sé por experiencia, tienen relaciones con presos homosexuales, por quitarse el encierro. En mi modulo éramos tres homosexuales, pues imagínate... no nos aburríamos con ese tema.

Y no solo entre presos. Otro día os cuento como una psicóloga, que al resto nos cobraba dinero por hacernos informes positivos, todas las semanas se reunía con dos internos en su oficina.

Y os digo una cosa, aunque no lo creáis, los homosexuales, por lo general, tenemos bastante poder en la prisión... Servimos para, en algún momento, guardar un teléfono o guardar droga... Nos protegen y nos respetan, porque siempre que hay un registro de módulos nosotros podemos llegar a salvar a una persona que venda.

Los hombres somos criaturas extrañas, ¿sabes? En el exterior, llenos de ruido, de risas, de vicios y de deseos. Pero aquí dentro, en este silencio abrumador, encontramos nuestras verdaderas necesidades. De estas cosas escribía en el taller de literatura. Un día estaba esperando que abrieran las puertas para irme del área de talleres, serían las doce. No, miento, aquel día eran las once y yo estaba ya como veinte minutos esperando. Eran como las 11:30. Y apareció el negro Carlos, que hacía más que nada mantenimiento del penal. Estaba en la puerta de los baños que daba para salir de talleres. «Mi chulo», me dijo con una voz, ese acento... Él era de Brasil. «Mi chulo, ¿tienes mechero?». Yo le di el mechero. Le hubiera dado lo que quisiera. Y eso que solo lo había visto tres o cuatro veces. Para que os hagáis una idea, el negro Carlos siempre estaba pidiendo mecheros a todo el mundo para fumar sus pipas, él fumaba crack. Pero no se le notaba nada, no vendía sus cosas, ni nada. Él se ganaba la vida haciendo masajes, recados, mantenimiento. Solo con los masajes se hacía con un buen dinero todos los meses. Como os decía estábamos delante del baño, y el negro Carlos estaba con su colocón *(se ríe)*, pero yo notaba que quería decirme algo. «¡Ay, Dios mío! ¿Qué querrá decirme este hombre?». Pues como no abrían para que saliéramos del área de talleres, a mí me entraron ganas de meterme una de las mías, pero no pipa, sino de la otra *(comienza a preparase una raya)*. Y me metí en el baño donde estaba él. A... hacer eso. Que conste antes de seguir que en todo este tiempo yo nunca quise tener nada con él. No lo veía como una posibilidad... No sé. Pero de repente estábamos los dos ahí metidos en el baño. Él estaba medio colocado, y yo... *(se mete la raya)*.

De repente entra alguien en los baños. Carlos cierra la puerta del nuestro para que no nos vean. Yo no sé si no querían que lo vieran colocado, o lo vieran conmigo, o que vieran que estábamos los dos dentro de una de las cabinas. Alguien abre los grifos. Me hace un gesto para que me calle. Yo tampoco quería que me prohibieran el seguir viniendo a talleres, ni que me cayera un puro. No podíamos salir. Hasta que estuviéramos solos.

Era un baño pequeño. Una cabina. Y de prisión, más pequeña todavía. Él frente a mí. Me incliné para decirle algo al oído y olía a soledad, a mar y a nicotina. No recuerdo lo que le dije, pero me sonrió. Con la risa inocente que puede tener un hombre de unos cuarenta años. El negro Carlos me sonrió... y yo me estaba poniendo cada vez más nervioso. Con su camisa desabrochada, como siempre. El pecho marcado. Con pelillos, pocos, pero de macho. Que lo ves y uffff. El respiraba agitado. Me miraba. Me dice algo que no acierto a escuchar y yo le sonrío. Con la risa inocente de quien quiere gustar. Me acaricia la cara. Yo sé que él estaba colocado. Yo también, ¿eh? Tal vez todo esto es una paranoia mía *(se ríe)*. Yo quería apartar la mirada y no podía. Y no se podía hacer otra cosa. Cada vez estaba más nervioso. El negro Carlos me cogió la mano. Se la puso en su paquete. *(Se ríe por nerviosismo)*. Y yo cuando vi eso... ¡Qué tamaño! *(se sigue riendo y se tapa la cara con las manos)*. No entiendo por qué os lo cuento. Tal vez para que veáis lo que pasa en un lugar como este. Yo estaba muy necesitado de amor, más que de amor, de un revolcón. No me lo pensé *(pone una rodilla en el suelo)*. Yo me puse ahí y empecé a...

De repente un golpe sordo resonando a través de la pared del baño, justo junto a mi cabeza. Como si un tío se desplomara contra la pared. Yo me quedo inmóvil y al negro Carlos se le abren los ojos de par en par. Curiosamente su reacción me asustó más que el sonido mismo. «No me hagas esto, por favor», era la voz de Fermín. Reconozco a uno de los funcionarios, que dice: «Vamos a llevarlo a la clínica, para que le den un cal...». Un segundo impacto más fuerte. Fermín suplicando y llorando a centímetros de mí. Cada vibración de la pared la tengo aquí metida. Cada hostia que le metían yo la sentía en mi espalda.

«Así se te quita la manía de abrir los putos grifos», escuché a otro funcionario, con una crueldad en su tono que helaba la sangre, mientras el sonido de la paliza continuaba, brutal, implacable. Hasta que lo dejaron supertranquilo. El agua seguía cayendo. En mis pantalones, salpicaduras de sangre. Lo dejaron supertranquilo. Eso le decía: «¿Ves?, ahora sí que te has quedado tranquilo. ¡Concha tu madre!», que es como decir «hijo de puta». Se quedó tranquilo y esa noche fue cuando el mismo se quemó para que lo llevaran al hospital. Allí se dieron cuenta de que tenía todos los órganos internos destrozados y murió a los días por fallo multiorgánico.

Así estuve unos dos años, hasta que por fin la embajada española, viendo que recibía muchas llamadas de miedo de las familias, nuestras, la muerte de Fermín... decidió que a los españoles nos iban a sacar de esa cárcel para llevarnos a la cárcel de Ancón 2, que fue construida por Florentino Pérez.

Fue allí cuando me grabaron en *Encarcelados* de la Sexta. Al principio no iba a salir, porque yo era yonqui, pero justo pasaba por el área de talleres cuando me vieron: «¿Tú eres español?». Y yo: «Sí, ¡grabadme, porfa, que quiero que me vea mi madre!». Yo flipaba con el acento, cómo olían, que tenían Marlboro. Paso un año hasta que se emitió. Madre mía *(se ríe)*. Me llamarón soplón, la embajada española me quitó la ayuda porque dije que consumía droga, hasta me tuvieron que aislar seis meses para que no corriera peligro. Y gracias a eso dejé de consumir.

Me habré gastado cuarenta mil euros en droga. ¿Que no te lo crees? Y ¿cuánto gasta una persona que consume durante siete años? *(se ríe)*. La diferencia es que el dinero era de mi madre. «Jesús, he podido reunir dinero para ir a verte», y yo le dije que no viniera, y con ese dinero pagaba las deudas.

No la vi hasta que me trajeron a Madrid a pasar los últimos meses de mi pena. El mismo día que llegué al Soto del Real me vio por locutorio, eso que hay por las pelis con el cristal... lo típico. Yo estaba recién llegado, con un mono blanco, en los huesos... Así me tuvo que ver mi madre. «Jesús, pero qué guapo estás, mi niño», me dijo mientras se contenía el llanto. ¿Qué va a decir la pobre?

Llegó el día de la visita. ¿Vale? Llega el día de la visita y me voy a la sala de vis a vis, más nervioso imposible... Casi no la dejan pasar porque se pensaban que traía droga. Mi madre se había fumado un porro antes de venir, porque mi madre fuma por las enfermedades *(se toca la mano como que le duelen las articulaciones)*, por el dolor, y el perro lo había detectado. Menos mal que ella dijo que no se iba y esa noche a las nueve, fuera ya del horario, la dejaron entrar.

Llega el momento, se abre la puerta y la vi. Con ese poncho blanco, con esos pelos, ese olor de ella. Me lancé sobre ella y la abracé. «Por Dios, Jesús, te voy a matar...». Lloré como un crío, como cuando tenía diez años, sentado en sus piernas y ella meciéndome, y yo llorando y llorando. Increíble. Por eso digo que el amor de la madre... Alucino. No lo voy a poder entender nunca.

Allí en Soto del Real pasé los últimos meses. Una mañana me llaman de la garita de los funcionarios y me dicen: «Jesús Ruiz, hoy tienes la libertad». Pillé un cabreo... Me quedaba todavía una semana. A media tarde, no me llama nadie. Era muy raro, me acerco a la ventanilla y le pregunto a los funcionarios: «Oye, ¿voy a salir hoy?», y en ese mismo momento se enciende la megafonía: «Jesús Ruiz García, libertad». Buah... *(Sonríe).* ¡Madre mía, tío! La que se lio en ese modulo. Tenéis que entender que los presos, cuanta más antigüedad tienen, más se respetan y más se celebra su libertad. Y yo era el preso más antiguo del módulo en ese momento. Me empezaron a levantar, a aplaudir, gritos, golpes... Porque cuando alguien se va en libertad hay que hacer mucho ruido. Yo estaba deseando salir... y era una puerta, otra puerta, y espera y otra puerta, y entrega tu DNI, eran quince puertas hasta que sales a la calle. ¡Estaba desesperado! Después de aguantar siete años no tenía paciencia ni de diez minutos. Allí me estaba esperando un amigo de mi madre que llevó en coche... ¡Era libre! Tardé meses para acostumbrarme a estar en libertad.

La semana pasada ocurrió algo. Algo que me puso muy nervioso. Según venía para aquí, no sabía si era algo que yo quería que pasara o algo que más bien necesitaba.

Estaba en el sofá, viendo otra vez *Física o Química*, cuando me llama un número desconocido. Dos veces. No contesté. Entonces, el WhatsApp vibra. «¿Qué hubo, Pollito? Soy Diego». Mi corazón se detuvo. ¿Contesto? No sabía qué hacer.

Me asusté... Lucía, mi madre llorando, las maletas, Fermín, el negro Carlos... Julio, la palabra *culpable* retumbando en mi cabeza. «No estoy a salvo», pensé. «Me van a matar». Traté de calmarme. Nunca dije su nombre, nunca lo delaté. *(Pausa)*.

Por un segundo me intenté tranquilizar, nunca había dicho su nombre, ni lo delaté, ni nada. Pero me vinieron todos los fantasmas chungos de esa vida que llevé. Muy mal.

El móvil sonaba. ¿Por qué me llama Diego? Lo cogí. No pude decir ni hola. *(Acento colombiano)*: «¿Qué hubo?». Yo me quedé así y dije: «¿Diego?». «Sí, soy yo». Me quedé en blanco, en *shock*. «Han pasado muchos años, Pollito. Vino a mi cabeza, y me estaba preguntando si se acuerda de mí». Acerté a decirle: «Claro que me acuerdo de usted. Los siete años que pasé en prisión me acordé cada día». Y me dice...: «Yo también pensé mucho en usted. Estaba seguro de que no me fallaría». *(No acierta a continuar la frase).* Es que estoy nervioso. «Hiciste una buena chamba». «¿Me llama para pedirme perdón?», iba a preguntarle, pero no dejó que hablara. «Mira, Pollito, le llamo desde la prisión de Navalcarnero. He pensado mucho en usted. Estoy en prisión con una condena de quince años y pensé que a lo mejor quería venir a verme».

Durante un buen rato estuve preguntándome por qué le dije que sí. Incluso esta mañana escribí un mensaje para decirle que no vendría. Cuando llegué a primera hora, estuve esperando un buen rato. Fueron pasando todos los de mi turno. Todos menos yo. Le mandé un mensaje para que no se retrasara. «¿Seré gilipollas?», pensaba. Dos horas de viaje y todavía no tenía claro si cuando lo viera le iba a pegar una hostia, o a recordar anécdotas del club. No me contestaba al mensaje.

Pasaban las horas y no venían a por mí. «Todavía pierdo el bus de vuelta a casa», pensé. Se acercó un funcionario muy despacio y me dijo: «Usted venía a ver a Diego González». «Hombre, ya era hora», mientras me levantaba de este banquillo. «¿Es usted familiar?», me preguntó. Yo me quedé un poco... No solían hacerse esas preguntas. «Ha ocurrido un incidente esta madrugada. Ha habido un ajuste de cuentas y Diego ha fallecido». «¿Qué?». Diego asesinado en prisión. El funcionario me dio el pésame y se fue. Y aquí sigo sin saber qué sentir.

No, no es eso. Es... es otra puta vez lo mismo. Vuelvo a notar esa sensación de que me han robado algo. No a Diego, me lo han robado a mí. La oportunidad de enfrentarlo, de decirle todo lo que necesitaba decirle. ¿Cuándo una puta oportunidad de ponérmelo fácil?

¿Cuándo Lucía podrá vivir sin depender de nadie, sin que su suerte dependa del hombre con el que se ha tenido que casar porque la dejo preñada? ¿Cuándo Samu cubrirá sus necesidades básicas sin engañar a cualquier tonto para bajarse al moro? ¿Cuándo alguien como Julio cumplirá sus sueños sin tener que delinquir en un sistema injusto que luego lo encarcela? ¿Cuándo encontraremos una solución para aquellos que, como mi madre, luchan contra marea con una enfermedad que parece insuperable? ¿Cuándo dejaremos de aprovecharnos de los Fermines del mundo, de aquellos al margen a los que la sociedad utiliza para luego matarlos a hostias?

Que no estoy pidiendo limosna, no quiero vuestra limosna. Fui responsable de todas y cada una de las cosas que he hecho. No lo hice bien, y pagué por ello. ¿Pero cuándo la sociedad pagará por lo que nos ha hecho a nosotros?

MANIQUÍ TEATRE
PRESENTA
DANIEL SAMPEDRO
EL POLLITO
TEATRO DOCUMENTO A PARTIR DE
LOS TESTIMONIOS DE JESÚS RUIZ
ESCRITO Y DIRIGIDO NOÉ VICENTE
AYUDANTE DE DIRECCIÓN JUAN MARTÍNEZ
16 +